BIBLIOTHÈQUE OMNIBUS

LE

CHANSONNIER

FRANÇAIS

CONTENANT

UN CHOIX DES PLUS JOLIES CHANSONS DES
AUTEURS DU BON VIEUX TEMPS

PIRON, COLLÉ, GALLET, DORAT, L'ATTEIGNANT
PANARD, ETC.

O. D.

PARIS

DELARUE, LIBRAIRE-ÉDITEUR

3, RUE DES GRANDS-AUGUSTINS

LE

CHANSONNIER FRANÇAIS

LE
CHANSONNIER
FRANÇAIS

CONTENANT

UN CHOIX DES PLUS JOLIES CHANSONS DES
AUTEURS DU BON VIEUX TEMPS

PIRON, COLLÉ, GALLET, DORAT, LATTAIGNANT,
PANARD, ETC.

PARIS
DELARUE, LIBRAIRE-ÉDITEUR
3, rue des Grands-Augustins

FORMULAIRE GÉNÉRAL

DE TOUS LES ACTES SOUS SEINGS PRIVÉS

Que l'on peut faire soi-même, tels que : arbitrage, alignement, contrat d'apprentissage, arrêté de compte, atermoiement, bail, bilan, billets, bornage, caution, certificat, cession de biens, compromis, congé, contre-lettre, convention, décharge, dépôt, désistement, devis, demande de dispenses, échanges, états de lieux, expertise, gage, mandat, mitoyenneté (actes concernant la), partage, pension alimentaire, plaintes, quittances, société, testament, transaction, transport, tutelle, vente, avec une instruction spéciale à chacune des affaires auxquelles se rapportent les actes formulés, par PRUDHOMME. 1 beau volume in-12.   3 fr.

GUIDE EN AFFAIRES
OU LA LOI MISE A LA PORTÉE DE TOUT LE MONDE
Par PRUDHOMME

Contenant : L'application des lois, Droits civils, Décès, Actes de l'état civil, Naissance, Mariage, Contrat de mariage, Publications, Dispenses, Oppositions, Droits et devoirs des époux, Filiation légitime, Régime de la communauté, Conventions matrimoniales, Régime dotal, Biens paraphernaux, Séparation de biens, Séparation de corps, Tutelle, Adoption, Absence, Majorité, Interdiction, Conseil judiciaire, Domicile, Des biens, De la propriété, Nue propriété, Usage et habitation, Servitudes, Comment on acquiert la propriété, Obligations, De l'effet des contrats et obligations, Vente, Vente à réméré, Licitation, Echange, Louage, Voituriers et maîtres de bateaux, Devis, Marchés, Cheptel, Société, Du prêt, Rentes, Dépôts, Contrats aléatoires, Mandat, Cautionnement, Transaction, Nantissement, Privilèges et hypothèques, Expropriation, Prescriptions, Successions, Donations, Testaments.

Nous n'avons pas besoin de dire combien les deux ouvrages ci-dessus sont utiles à toute personne qui s'occupe de la moindre affaire, nos lecteurs l'auront compris à la première vue.

Pour recevoir *franco* par la poste, envoyer un mandat sur la poste à l'adresse de l'éditeur, M. Delarue, libraire, 3, rue des Grands-Augustins.

LE VIN ET L'AMOUR.

COUPLET.

AIR : *A boire.*

Amour, adieu pour la dernière fois !
Que Bacchus avec toi partage la victoire !
La moitié de ma vie a coulé sous tes lois ;
    J'en passerai le reste à boire.
    Tu voudrais m'arrêter en vain,
    Nargue d'Iris et de ses charmes !
Ton funeste flambeau s'est éteint dans mes larmes ;
Que celui de mes jours s'éteigne dans le vin !

PIRON.

LE FACHEUX ACCIDENT.

Ah quel malheur ! quel attentat !
Quel affront ! quelle fourberie !
Non ! jamais un crime d'Etat
N'égala cette barbarie !
Bacchus, que ton pouvoir divin
Éclate contre ceux qui ternissent ta gloire :
Un coquin de laquais, en me versant à boire,
    A versé de l'eau dans mon vin !...

COLLÉ.

LA MANIÈRE FAIT TOUT.

Amants qui marchez sur les traces
Des agréables de la cour,
Ayez de l'esprit et des grâces,
Il en faut pour faire l'amour.
Tout consiste dans la manière
  Et dans le goût,
Et c'est la façon de faire
  Qui fait tout.

Pour faire un bouquet à Lucrèce,
Suffit-il de cueillir des fleurs?
Il faut encore avoir l'adresse
D'en bien assortir les couleurs.
  Tout consiste, etc.

L'amant risque tout, et tout passe,
Lorsque l'on sait prendre un bon tour.
S'il est insolent avec grâce,
On fera grâce à son amour.
  Tout consiste, etc.

De deux jours l'un, pour ma bergère.
Je fais deux bons petits couplets,
Et ma bergère les préfère
A douze qui seraient mal faits.
Tout consiste dans la manière
  Et dans le goût,
Et c'est la façon de faire
  Qui fait tout.

COLLÉ.

LES BIZARRERIES DE L'AMOUR.

AIR: *C'est un enfant, c'est un enfant.*

L'amour, suivant sa fantaisie
Ordonne et dispose de nous ;
Ce dieu permet la jalousie,
Et ce dieu punit les jaloux.
　　Ah ! pour l'ordinaire,
　　L'amour ne sait guère
Ce qu'il permet, ce qu'il défend ;
C'est un enfant, c'est un enfant.

L'amour ordonne que pour plaire
L'on soit sensible et délicat ;
Il fait réussir au contraire,
En étant insensible et fat.
　　Ah ! pour l'ordinaire, etc.

Un jour ce dieu veut qu'on soit tendre,
Et donne tout au sentiment ;
Un autre jour il fait entendre
Que c'est s'y prendre gauchement.
　　Ah ! pour l'ordinaire, etc.

L'amour veut de la résistance
Pour nous rendre plus amoureux ;
Et quelquefois ce dieu dispense
De résister un jour ou deux.
　　Ah ! pour l'ordinaire, etc.

C'est un petit dieu sans cervelle,
L'on ne sait comment il l'entend ;
Il ordonne d'être fidèle,
Mais il permet d'être inconstant.

    Ah ! pour l'ordinaire, etc.

L'amour veut que l'on soit modeste ;
Il permet d'être avantageux.
Souvent il s'offense d'un geste ;
Un geste souvent rend heureux.

    Ah ! pour l'ordinaire,
    L'amour ne sait guère
Ce qu'il permet, ce qu'il défend ;
C'est un enfant, c'est un enfant.

COLLÉ.

L'ÉPICURIEN.

AIR: *De tous les capucins du monde.*

Je ne suis né ni roi ni prince,
Je n'ai ni ville ni province,
Ni presque rien de ce qu'ils ont,
Mais je suis plus content peut-être ;
Car, en n'étant pas ce qu'ils sont,
Je suis tout ce qu'ils veulent être.

En vain, sans ma philosophie,
L'homme, durant toute sa vie,
Biens sur biens accumulera :
Il faut, quoi qu'on en veuille dire,
Ne désirer que ce qu'on a
Pour avoir tout ce qu'on désire.

Non, je ne veux point de contrainte,
Ni pour Philis, ni pour ma pinte,
Je ne veux vivre que pour moi :
Je suis l'élève d'Épicure ;
Mon tempérament fait ma loi,
Je n'obéis qu'à la nature.

Attribuée à PIRON.

LES VENDANGES DE LA FOLIE.

Chantons le dieu de la vendange,
Que sous ses lois l'amant se range,
Puisque le plus souvent Vénus
Doit ses conquêtes à Bacchus.

    On rend la vie aimable
    En passant tour à tour
    Des plaisirs de la table
    Aux plaisirs de l'amour.

Un peu de vin rend plus jolie,
Le vin donne de la saillie,
Le vin fait dire de bons mots
Et tenir de galants propos.

    On rend la vie, etc.

Le vin rend l'amour intrépide,
Il rend l'amante moins timide ;
A l'un il fait tout hasarder,
A l'autre, il fait tout espérer.

    On rend la vie, etc.

Entre deux ou quatre convives,
Le vin rend les scènes plus vives ;
Un petit souper des plus fin
Vaut cent fois mieux qu'un grand festin.

    On rend la vie, etc.

Le vin dans le sommeil vous plonge.
Ce sommeil vous fait naître un songe
Qui vous revient pendant le jour,
Et qui fait naître enfin l'amour.

    On rend la vie aimable
    En passant tour à tour
    Des plaisirs de la table
    Aux plaisirs de l'amour.

COLLÉ.

CHANSON A BOIRE.

Air : *Du Confiteor,*

ou : *Chantez, dansez, amusez-vous.*

Pour détruire le genre humain,
Les dieux ont inondé la terre :
C'est un témoignage certain
Que l'eau fait pis que le tonnerre.

Amis ne buvons jamais d'eau ;
Des dieux c'est le plus grand fléau.

Phaéton, ce jeune éventé,
Qui voulut éclairer le monde,
Par la foudre précipité,
Du Pô s'en alla boire l'onde.

    Amis, etc.,

Le modèle fameux des sots,
Le fat et l'orgueilleux Narcisse,
Un jour se mirant dans les flots,
Y trouva son juste supplice.

    Amis, etc.

Icare, voulant jusqu'aux cieux
Élever son vol téméraire,
De son projet audacieux
Dans l'onde reçut le salaire.

    Amis, etc.

Ce peuple où Latone en danger
Souffrit un si cruel outrage,
En grenouilles s'est vu changer:
L'onde fut son triste breuvage.

    Amis, etc.

Aux enfers un cruel destin
Fait soupirer les Danaïdes:
Elles versent de l'eau sans fin
Pour expier leurs parricides.

    Amis, etc.

Que de mortels étaient heureux
Dans l'âge où régnait l'innocence !
Il ne manquait rien à leurs vœux ;
Le vin coulait en abondance.

Buvons de ce jus précieux ;
C'est le plus beau présent des cieux.

Pour prix de sa rare vertu,
Noé, ce fameux patriarche,
Reçut du ciel le bois tordu
Sitôt qu'il fut sorti de l'arche.
  Buvons, etc.

PANARD.

JOUISSONS DU TEMPS PRÉSENT.

RONDE DE TABLE.

Nous n'avons qu'un temps à vivre,
Amis, passons-le gaîment :
De tout ce qui peut le suivre
N'ayons jamais aucun tourment.

A quoi sert d'apprendre l'histoire ?
N'est-ce pas la même partout ?
Apprenons seulement à boire ;
Quand on sait bien boire, on sait tout.
  Nous n'avons, etc.

Qu'un tel soit général d'armée,
Que l'Anglais succombe sous lui ;
Mais moi, qui suis sans renommée,
Je ne veux vaincre que l'ennui.
  Nous n'avons, etc.

A courir sur terre et sur l'onde,
On perd trop de temps en chemin ;

Faisons plutôt tourner le monde,
Par l'effet de ce jus divin.
    Nous n'avons, etc.

Qu'un savant cherchant les planètes
Occupe son plus beau loisir ;
Je n'ai pas besoin de lunettes
Pour apercevoir le plaisir.
    Nous n'avons, etc.

Qu'un avide chimiste exhale
Sa fortune en cherchant l'or ;
J'ai ma pierre philosophale
Dans un cœur qui fait mon trésor.
    Nous n'avons, etc.

Au grec, à l'hébreu je renonce ;
Ma maîtresse entend le français ;
Sitôt qu'à boire je prononce,
Elle me verse du vin frais.
    Nous n'avons, etc.

BONNEVAL

PETIT BONHOMME VIT ENCORE.

Air: *Fille à qui l'on dit un secret*,
ou du vaudeville de *Cassandre-Agamemnon*.

Contre vos vers et vos repas
S'il s'élève un censeur austère,
Joyeux rimeurs je ne crois pas
Qu'il parvienne à nous mettre en terre.

S'il s'obstine à vous condamner,
Tous les mois, d'une voix sonore.
A l'oreille il faut lui corner :
Petit bonhomme vit encore.

Bravant l'inconstance du sort,
Qui du soir au matin le berne,
Certain fou ne se croit pas mort
Tant qu'il peut jouer le quaterne.
Il va toujours, bien convaincu
Que dans la boîte de Pandore
S'il peut retrouver un écu.
Petit bonhomme vit encore.

Chers neveux, dit un moribond,
Vous attendez ma fin prochaine ;
Ne vous lassez pas ; je tiens bon,
Et je passerai la centaine.
Pour contrarier vos plaisirs,
Grâce au vin vieux qui me restaure,
Malgré mon asthme et vos désirs,
Petit bonhomme vit encore.

Panard, ce chansonnier divin
Qu'à juste titre l'on renomme,
A côté d'un grand écrivain
Panard n'est qu'un petit bonhomme ;
Et pourtant lorsque le néant
Sans aucune pitié dévore
Les débris de plus d'un géant,
Petit bonhomme vit encore.

Avec ce refrain innocent,
Dont un jeu consacra l'usage,

L'aimable Folie en passant
Nous donne une leçon bien sage.
Le Temps qui fuit et rit de nous,
Nous dit en ramenant l'aurore :
« Jouissez et dépêchez-vous :
« *Petit Bonhomme vit encore.* »

ANTIGNAC.

TRINQUONS!

(AIR : *Bonjour et bonsoir,*

ou : *Tarare-Pompon.*

Nous pouvons au dessert
Rimer malgré Minerve,
Lorsque Bacchus nous sert
A former un concert ;
Ayons donc en réserve
Quelques bons vieux flacons,
Et pour nous mettre en verve,
Trinquons !

Le vin servit Panard
Mieux que l'eau du Permesse ;
Un chansonnier canard
N'aurait pas eu son art
Bacchus donne sans cesse
Le courage aux Gascons,
Aux auteurs la richesse...
Trinquons !

Des Zéphyrs caressants
Quand l'haleine légère
Vient ranimer nos sens
Et nos gazons naissants,
Pour fléchir la bergère
Qu'en vain nous attaquons,
Au bois, sur la fougère,
    Trinquons !

Malgré Zéphyr en pleurs,
Quand de longues journées
Sèchent par leurs chaleurs
Nos gosiers et nos fleurs,
Nos fleurs tombent fanées ;
Nous qui les remarquons,
Pour fuir leurs destinées,
    Trinquons !

Forcés de nous rasseoir
Lorsqu'il tonne en automne,
Restons dans le pressoir,
Du matin jusqu'au soir :
Pour oublier qu'il tonne,
En buveurs rubiconds,
Sur le cul d'une tonne
    Trinquons !

Pendant nos longs hivers
Plus de jeux sur l'herbette ;
Nos prés, nos gazons verts
De neige sont couverts :
La vigne qu'elle arrête

Languit sous ses flocons;
Mais la vendange est faite;
   Trinquons !

Profitons des instants;
Trinquons dans le bel âge;
Trinquons lorsque le Temps
Vient nous rendre impotents !
Et pour le grand voyage
Quand nous nous embarquons,
Gaîment sur le rivage
   Triquons !

A. GOUFFÉ.

MA PHILOSOPHIE.

AIR : *Nous sommes précepteurs d'amour.*

A quoi bon former tant de vœux
Pour les biens, les honneurs, la gloire ?
Veut-on vivre toujours heureux,
Il faut toujours aimer et boire.

Avec le charmant dieu du vin
Règne une éternelle allégresse ;
Le pouvoir de ce jus divin
L'inspire même à la vieillesse.

Plaignons celui qui n'est qu'amant,
Et choisissons Bacchus pour maître :
On peut être heureux en aimant,
En buvant on est sûr de l'être.

Le duc DE NIVERNOIS

2

V'LA C'QUE C'EST QU'D'ALLER AU BOIS.

VAUDEVILLE.

Tous nos tendrons sont aux abois,
  V'là c'que c'est qu'd'aller au bois;
Nos bûcherons sont gens adroits.
    Quand on va seulette
    Cueillir la noisette,
Jamais l'Amour ne perd ses droits :
  V'là c'que c'est qu'd'aller au bois.

Jamais l'amour ne perd ses droits,
  V'là c'que c'est qu'd'aller au bois.
L'autre jour ce petit sournois
    Dormait à l'ombrage
    Sous un vert feuillage :
Dorine approche en tapinois,
  V'là c'que c'est qu'd'aller au bois.

Dorine approche en tapinois,
  V'là c'que c'est qu'd'aller au bois
Elle dérobe son carquois,
    En tire une flèche
    Propre à faire brèche,
Dont elle se blessa, je crois :
  V'là c'que c'est qu'd'aller au bois.

FAVART.

LES QUATRE COINS.

La jeune Iris, la fleur de nos campagnes
Un certain soir, dans la belle saison,
Voulut au bois, avec quelques compagnes.
Aux quatre coins jouer sur le gazon.
Il leur manquait encore un personnage ;
L'amour dormait sous un chêne étendu ;
Iris le crut un berger du village,
La pauvre enfant ne l'avait jamais vu.

Elle l'éveille ; il boude, il se chagrine,
Et ne veut point jouer à ce jeu-là.
Plus il se fâche, et plus on le lutine :
Ah ! le fripon ne voulait que cela.
Il cède enfin ; mais bientôt à Colette
Avec adresse il vole les rubans,
La bague à Lise, à Chloé la houlette,
La jeune Iris laisse attraper ses gants.

Le jeu fini, chaque belle en colère
Veut ses bijoux ; l'Amour veut un baiser.
La nuit survient, chacune craint sa mère ;
Avec l'Amour il fallut composer.
Depuis ce temps on dit qu'Iris soupire ;
Chloé rougit, Lise baisse les yeux,
Colette rêve, et toutes semblent dire
Qu'avec l'Amour tous jeux sont dangereux.

DE LA BORDE.

LE NID DE FAUVETTES.

AIR : *Pauvres oiseaux*, etc.

Je le tiens ce nid de fauvettes :
Ils sont deux, trois, quatre petits,
Depuis si longtemps je vous guette,
Pauvres oiseaux, vous voilà pris.

Criez, sifflez, petits rebelles,
Débattez-vous ; oh ! c'est en vain :
Vous n'avez pas encor des ailes ;
Comment vous sauver de ma main ?

Mais quoi! n'entends-je pas leur mère,
Qui pousse des cris douloureux ?
Oui, je le vois, oui, c'est leur père
Qui vient voltiger autour d'eux.

Ah! pourrais-je causer leur peine
Moi qui, l'été, dans nos vallons,
Venais m'endormir sous un chêne,
Au bruit de leurs douces chansons.

Hélas ! si du sein de ma mère
Un méchant venait me ravir !
Je le sens bien, dans sa misère,
Elle n'aurait plus qu'à mourir.

Et je serais assez barbare
Pour vous arracher vos enfants !
Non, non, que rien ne nous sépare,
Non : les voici, je vous les rends.

Apprenez-leur, dans le bocage,
A voltiger auprès de vous ;
Qu'ils écoutent votre ramage,
Pour former des sons aussi doux !

Et moi, dans la saison prochaine,
Je reviendrai dans les vallons.
Dormir quelquefois sous un chêne,
Au bruit de leurs jeunes chansons.

BERQUIN.

L'HIRONDELLE.

AIR : *Il n'est qu'un temps.*

Quand l'hirondelle
A tire-d'aile
Vole et rappelle
Le doux printemps ;
C'est pour apprendre
A tout cœur tendre,
Que pour se rendre
Il n'est qu'un temps.

Quand du bel âge
Fille peu sage
Flétrit l'usage,
Du doux plaisir
Le lis s'efface ;
L'éclat qui passe
Laisse la trace
Du repentir.

D'un cœur qui change
Est-il étrange
Qu'Amour se venge
Par des rigueurs ?
Le temps amène
Soucis et peine :
Pour lors sa chaîne
N'est plus de fleurs.

Quand une belle
Un peu cruelle
Retient près d'elle
L'amant chéri ;
C'est la sagesse,
Qui, par tendresse,
Pour la vieillesse
Garde un mari.

GALLET.

LES TROIS PLAISIRS DE LA VIE.

AIR : *Est-il de plus douces odeurs ?*

J'ai cinquante ans, j'ai le désir
De vivre en homme sage ;
J'ai consulté sur le plaisir
Qui convient à mon âge :
En secret j'ai vu tour à tour,
Sur ce point nécessaire,
Apollon, Bacchus et l'Amour :
On ne pouvait mieux faire.

L'Amour m'a dit : Il faut aimer ;
　Et le dieu de la treille :
Qu'un berger ne doit s'enflammer
　Qu'auprès de sa bouteille,
A chanter Glycère et le vin
　Apollon met sa gloire ;
D'où je conclus qu'il faut sans fin
　Chanter, aimer et boire.

GALLET.

BOUTADE A MA MAITRESSE.

AIR : *Au bord d'un clair ruisseau.*

Vénus a moins d'attraits
Que celle qui m'enchante ;
Le printemps est moins frais,
L'aurore moins brillante.
Que sa chaîne est charmante !
Mais comment l'engager ?
L'onde est moins inconstante,
Et le vent moins léger.

L'amant le plus parfait
N'a point de privilége :
Qu'il soit jeune et bien fait,
Que sans cesse il l'assiége,
Mérite ni manége
N'ont pu la réformer !
Comment la fixerai-je,
Moi qui ne sais qu'aimer

N'importe, mon amour
Va l'attendre au passage,
Et, si du sien un jour
J'obtiens le moindre gage,
D'un siècle d'esclavage
J'aurai reçu ce prix,
Et c'est sur la volage
Toujours autant de pris.

PIRON.

LES FAUX PAS.

AIR : *Le prévôt des marchands.*

Peu de chose arrête le cours
De la fortune et des amours ;
Dans l'une et dans l'autre carrière,
Après mille et mille embarras,
Souvent l'on n'a qu'un pas à faire.
Par malheur on fait un faux pas.

Un berger, qui courait gaîment,
Du triomphe vit le moment ;
Tout près d'atteindre sa bergère,
Il étendait déjà les bras ;
Il n'avait plus qu'un pas à faire,
Par malheur il fit un faux pas.

Une simple et jeune beauté
Ne fuyait que par vanité ;
Son berger n'y comptait plus guère ;
De la poursuivre il était las ;

Elle n'avait qu'un pas à faire,
Exprès elle fit un faux pas.

Une prude approchait du temps
Qui fait taire les médisants ;
Son honneur, antique et sévère,
Nous regardait du haut en bas ;
Il n'avait plus qu'un pas à faire,
Par malheur elle fit un faux pas.

Un trafiquant, dans son état
Sur l'honneur était délicat ;
Les autres faisaient leurs affaires,
Lui seul ne s'enrichissait pas ;
A l'exemple de ses confrères,
Par bonheur il fit un faux pas.

Dans le cirque des beaux esprits,
Plus d'un coureur manque le prix ;
D'un parterre en vain on l'espère,
Même après bien des brouhahas,
Si, n'ayant plus qu'un pas à faire,
Par malheur, on fait un faux pas.

PIRON.

L'HEUREUX PHILOSOPHE.

AIR : *Nous autres bons villageois.*

Je n'ai pour toute maison
Qu'une pauvre et simple chaumière,
Que dans le pays gascon
On nommerait gentilhommière :

Là, loin du bruit et du fracas,
Sans chagrin et sans embarras,
Dans une heureuse obscurité,
Je jouis de la liberté.

J'ai dans le même canton
Une vigne pour héritage :
Je prends soin de la façon,
Les dieux bénissent mon ouvrage.
De ce bien j'use de mon mieux,
Je ne garde point de vin vieux :
La fin de mon dernier tonneau
M'annonce toujours le nouveau.

Que la Fortune à son gré
En impose à ceux qu'elle joue :
Assis au dernier degré,
Je vois de loin tourner sa roue.
La déesse d'un vain éclat
Souvent revêtit un pied-plat :
Je ris de toutes ses erreurs,
Et je renonce à ses faveurs.

Trop penser est un abus,
Qui veut prévoir est misérable ;
Le passé ne revient plus,
L'avenir est impénétrable,
Le présent seul est le vrai bien ;
Songeons à l'employer si bien,
Que du plaisir qui va passant
Un autre renaisse à l'instant.

HAGUENIER.

LES SOUHAITS.

Air : *Quoi! vous partez sans que rien vous arrête?*

Point ne voudrais, pour bien passer la vie,
Des riches dons du rivage indien ;
Point ne voudrais des parfums d'Arabie,
Ni des trésors du peuple Lybien.
Il ne me faut que l'amour de ma mie,
Pour moi son cœur est le souverain bien.

D'être un héros point ne me glorifie,
Pour guerroyer je suis trop citoyen.
Que le Français dispute l'Acadie,
Que le Hongrois batte le Prussien,
Il ne me faut que le cœur de ma mie ;
Voilà mon trône, et le reste n'est rien.

De Phidias j'ignore la magie,
De son ciseau je me passe très-bien ;
L'art de Rubens ne me fait nulle envie,
Point ne voudrais surpasser Titien.
Il ne me faut qu'un portrait de ma mie ;
Quand je le vois, je ne désire rien.

De l'art des vers je n'ai point la manie,
Je connais peu le mont Adhien :
Mais de rimer s'il me prend la folie,
Point ne prirai le dieu Pégasien.
Il ne me faut que le nom de ma mie :
Pour ce nom seul je rime et chante bien.

Je ne veux point de la philosophie,
Elle est trop froide et ne conduit à rien ;
Je ne veux point savoir l'astrologie,
Ni disputer du vide aérien,
Il ne me faut qu'un coup d'œil de ma mie ;
Voilà mon astre, il me conduira bien.

Qu'ai-je besoin de savoir la chimie ?
Tous ses secrets sont un faible moyen.
Qu'un médecin vante la pharmacie,
Et rende hommage au docteur Gallien ;
Il ne me faut qu'un baiser de ma mie ;
Mon cœur renaît, et je me porte bien.

Si par hasard quelque autre fantaisie
Troublait mes sens : Amour, sois mon soutien.
Si par toi seul il faut que je l'oublie,
Cache l'erreur, car mon crime est le tien.
Il ne me faut qu'un soupir de ma mie...
Je quitte tout, et reprends mon vrai bien.

Souvent j'ai pris un peu de jalousie ?
Quand on est tendre on est pyrrhonien :
Dans les transports de cette frénésie,
Tout m'affectait, discours, gestes, maintien.
Il ne me faut qu'un souris de ma mie ;
Mon cœur s'apaise, et je ne crains plus rien.

Si quelque crainte alarme mon génie,
C'est l'abandon d'un cœur comme le sien.
Tous les désirs de mon âme attendrie
Sont d'inspirer un feu semblable au mien.
Il ne me faut que conserver ma mie :
Plaire toujours, c'est le nœud gordien.

A GLYCÈRE.

AIR : *Vous qui du vulgaire stupide.*

Aime-moi bien, ô ma Glycère !
Aime-moi, je veux t'adorer :
Puisse le feu le plus sincère
Sur ta vertu te rassurer !
Crains peu la prière importune
Qui naît d'un coupable désir :
Ce n'est qu'une beauté commune
Qui donne le goût du plaisir.

Une amante sage et fidèle,
Que guide le pur sentiment,
Sait par une route plus belle,
A jamais fixer un amant ;
On la voit par un seul sourire,
Payer le prix de son ardeur :
L'amant délicat qui soupire
N'exige que le don du cœur.

Une faveur, une caresse,
Sont les récompenses du temps ;
Ces délices de la tendresse
N'appartiennent qu'aux cœurs constants.
Un baiser qu'offre une Bacchante
Fait fuir la modeste pudeur ;
Celui qu'on prend à son amante,
Devient le sceau du vrai bonheur

LA SONNETTE.

AIR : *D'une contredanse.*

Din din din din din din din,
    Toujours répète
      La sonnette;
On entend, tin tin tin tin,
     Soir et matin,
    Son bruit argentin.

On m'éveille dès l'aurore,
Et je vois se présenter
Un ami qui vient encore
Me flatter et m'emprunter.
    Din din din, etc.

De la sonnette, sans peine,
J'éprouve l'utilité :
Au logis et chez Balaine
Elle est de nécessité.
    Din din din, etc.

Dame Alix, plaideuse alerte,
Près de son juge a l'accès;
Et de son honneur la perte
Lui fait gagner son procès,
    Din din din, etc.

Chez un malade en prière,
Le charlatan sonne fort :

Hélas ! pour le pauvre hère
C'est la cloche de la mort.

   Din din din, etc.

Voyez, chez certain critique,
Sonner l'auteur et l'acteur ;
D'éloges il tient boutique,
Comme d'effets au porteur.

   Din din din, etc.

Des créanciers à la file
Sonnent chez un indigent.
Sa sonnette est plus tranquille
Quand on lui doit de l'argent

   Din din din, etc.

Chez un Crésus apathique
Les deux battants sont ouverts
Pour un auteur famélique
Qui vient lui lire ses vers.

   Din din din, etc.

Si je passe une soirée,
Où bien tard on doit veiller,
Je vois la foule encombrée
Jouer, médire ou bâiller

   Din din din, etc.

Pour demander un service,
Chez moi l'on s'est abonné ;
Pour me rendre un bon office,
Non, jamais on n'a sonné.

   Din din din, etc.

Quand je n'y suis pour personne,
De dîner seul j'ai le droit;
Mais on sonne, on sonne, on sonne!...
C'est un parasite adroit.

> Din din din, etc.

Moi, j'estime ma sonnette,
Lorsque, tirée à moitié,
Elle annonce en ma chambrette
L'Infortune ou l'Amitié.

Din din din din din din din,
    Toujours répète
    La sonnette ;
On entend, tin tin tin tin,
    Soir et matin
    Son bruit argentin.

DUCRAY-DUMINIL.

LA DORMEUSE.

AIR : Réveillez-vous, belle endormie.

Réveillez-vous, belle dormeuse,
Si ce baiser vous fait plaisir;
Mais si vous êtes scrupuleuse,
Dormez, ou feignez de dormir.

Craignez que je ne vous éveille;
Favorisez ma trahison.
Vous soupirez!... Votre cœur veille;
Laissez dormir votre raison.

Souvent quand la raison sommeille,
On aime sans y consentir ;
Pourvu qu'Amour ne nous réveille
Qu'autant qu'il faut pour le sentir.

Si je vous apparais en songe,
Jouissez d'une douce erreur ;
Goûtez les plaisirs du mensonge,
Si la vérité vous fait peur.

DUFRESNY.

LE POUR ET LE CONTRE.

AIR : *Ah ! le bel oiseau, maman.*

Mourons, mes amis, mourons,
  Dans la vie
  Tout ennuie ;
Mourons, mes amis, mourons,
Le plus tôt que nous pourrons.

Venir au monde tout nu,
Rêver ou fortune ou gloire,
Partir comme on est venu,
Voilà toute notre histoire...
  Mourons, etc.

Cependant bon appétit,
Bonne cave, bonne chère,
Bonne fortune et bon lit
Ne se trouvent que sur terre.

Vivons, mes amis, vivons,
    Fuir la vie,
    C'est folie ;
Vivons, mes amis, vivons,
Deux cents ans, si nous pouvons.

Mais la vie est un jardin
Où l'homme, épris d'une rose,
N'y peut toucher que soudain
Un peu de sang ne l'arrose.
    Mourons, etc.

Mais, hélas ! si nous mourons,
De vingt minois pleins de charmes,
Les yeux que nous adorons
Vont s'éteindre dans les larmes...
    Vivons, etc.

Mais si nous vivons, hélas !
Nous risquons de voir nos belles,
Tôt ou tard en d'autres bras
Porter leurs flammes fidèles...
    Mourons, etc.

Eh quoi ! mourir dans leurs fers !
Elles seraient trop contentes...
Et croyons-nous aux enfers
En trouver de plus constantes ?
    Vivons, etc.

Là-bas, pourtant, nous verrions
Les Racines, les Molières,

Les Panards, les Crébillons,
Qu'ici nous ne voyons guères...
    Mourons, etc.

Ce parti, fort bon d'ailleurs,
N'est pourtant pas des plus sages...
Nous verrions ces grands auteurs,
Mais verrions-nous leurs ouvrages.
    Vivons, etc.

Mais un maudit charlatan,
Suivant la mode commune,
Peut, avant qu'il soit un an,
Nous tuer dix fois pour une...
    Mourons, etc.

Mais au ténébreux manoir,
Quand par miracle on échappe,
Il est si doux de revoir
L'épi, la rose et la grappe !
    Vivons, etc.

Mais ces trésors de nos champs,
Jusques au plus faible arbuste,
Fleurissent pour les méchants
Aussi bien que pour le juste.
    Mourons, etc.

Mais puisqu'à tous ces abus
Le ciel opposa sur terre
Le champagne et les vertus,
Les talents et le madère.
    Vivons, etc.

Deux cents ans sont un peu longs !
A cet âge rien ne tente...
Mais sitôt que nous aurons
De cent vingt-cinq à cent trente...

Mourons, mes amis, mourons.
    Dans la vie
    Tout ennuie ;
Mourons, mes amis, mourons,
Le plus *tard* que nous pourrons.

Désaugiers.

NOUS NOUS REVERRONS.

CHANSONNETTE PHILOSOPHIQUE.

Air : *J'arrive à pied de province.*

Je vois des sots par centaine,
    Je crains leurs discours,
Et je leur dirais sans peine
    Adieu pour toujours !
Mais vous que Momus inspire,
    Bons et francs lurons,
En vous quittant j'aime à dire :
    Nous nous reverrons !

Quand je vois la vieille Ursule
    Dans ses beaux atours,
Je lui dirais sans scrupule :
    Adieu pour toujours.

Mais quand je vois sous la treille,
  De jolis tendrons,
J'aime à leur dire à l'oreille :
  Nous nous reverrons !

Un ami voit de sa vie
  Terminer le cours ;
Faut-il que chacun lui crie :
  Adieu !... pour toujours !...
Il descend au sombre empire,
  Nous y descendrons ;
C'est bien là le cas de dire :
  Nous nous reverrons !

(A. GOUFFÉ.

LE FLEUVE D'OUBLI.

AIR : *Aux soins que je prends de ma gloire.*

On nous dit qu'aux royaumes sombres
Il existe un fleuve d'oubli ;
S'il est ainsi, paisibles ombres,
Dites bien aux dieux : *Grand merci.*
Votre âme n'est plus excédée
Des maux que l'on souffre ici-bas.
Jouissez, et, même en idée,   } *Bis.*
Parmi nous ne revenez pas.   }

L'un pourrait y voir sa maîtresse
Entre les bras de son rival ;
L'autre, un neveu qui dans l'ivresse
Se rit d'un oncle trop frugal ;

Ces grands auteurs de petits dramés
Trouveraient au lieu d'un laurier,
Sur leur tombe force épigrammes,
Et leurs œuvres chez l'épicier.

Comme vous, dans votre Élysée,
La terre a son fleuve d'oubli;
Heureuse d'en être arrosée
S'il n'emportait que le souci !
Malgré tes soins, ô Bienfaisance !
Mamans, malgré vos beaux discours,
L'honneur et la reconnaissance
Y font naufrage tous les jours.

Pour en boire, le sage même
Prend la coupe des mains du Temps :
Lorsque le chagrin est extrême,
C'est là le plus sûr des calmants.
Il m'a sauvé de l'esclavage.
De quelques volages beautés;
J'en ai perdu jusqu'à l'image
Sans être ingrat à leurs bontés.

Le souvenir, hélas! se lie
Au regret, ainsi qu'au désir;
Et le passé, s'il ne s'oublie,
Est le tourment de l'avenir.
Le vrai Léthé, c'est ma bouteille ;
J'y noie et désirs et regrets,
Et je ne garde sous la treille
Que le souvenir des bienfaits.

PH. DE LA MADELAINE.

ÉLOGE DE L'HERBETTE.

CHANSONNETTE.

AIR : *Turlurette ! ma tanturlurette !*

Rimeurs, chantez le printemps !
Il ramène le beau temps,
Il ranime la fauvette...
Turlurette ! turlurette !
    Et vous rend l'*herbette*.

Politiques du faubourg,
Qui venez au Luxembourg
Lire, au printemps, la gazette...
Turlurette ! turlurette !
    Vous avez l'*herbette*.

De Plutus, gros favoris,
Que tout ennuie à Paris,
Aux champs bravant l'étiquette...
Turlurette ! turlurette !
    Vous avez l'*herbette*.

Vous qu'en décembre le jeu
Tient cloué auprès du feu,
Laissez là pelle et pincette...
Turlurette ! turlurette !
    Vous avez l'*herbette*.

Pour bondir dans nos vallons,
Danseurs, quittez vos salons,

Vos tapis, votre toilette...
Turlurette ! turlurette !
   Vous avez l'*herbette*.

Galants, qui, dans un boudoir,
Parlez d'amour sans espoir
A jeune et gente fillette...
Turlurette ! turlurette !
   Vous avez l'*herbette*.

Et vous, pauvres chansonniers,
Qui vantez, dans vos greniers,
Les gazons, la violette...
Turlurette ! turlurette !
   Vous avez l'*herbette*.

                          A. GOUFFÉ.

LA MÈRE GODICHON.

AIR : *Et zon, zon, zon, Lisette, ma Lisette.*

   Celui-ci chante Iris,
   Celui-là chante Flore ;
   L'autre chante Chloris,
   Un autre Éléonore,
      Et, zon, zon, zon,
   Mieux vaut cent fois encore
      Chanter en rond
   La mère Godichon.

   L'univers est si vieux,
   Que ce serait chimère

De chercher les aïeux
De *Godichon la mère*,
  Et zon, zon, zon,
Les Grecs du temps d'Homère
  Chantaient en rond
La mère Godichon.

La mère Godichon
Fut une femme illustre,'
Qu'il faut, comme *Fanchon*,
Chanter de lustre en lustre ;
  Et zon, zon, zon,
Noble, bourgeois et rustre,
  Chantez en rond
La mère Godichon.

Qu'étaient, me dira-t-on,
(Croyant me faire niche),
Le papa *Godichon*
Et son cher fils *Godiche ?*
  Et zon, zon, zon,
D'eux deux, moi, je me fiche :
  Je chante en rond
La mère Godichon.

Du mot de *Gaudium*
Godichon vient sans doute,
Comme vin de *vinum*,
(Sans trop changer en route :)
  Et zon, zon, zon,
Buvant la *mère-goutte*,
  Chantons en rond
La mère Godichon.

J'adorais à sept ans
Peau-d'Ane et *mère l'Oie.*
Combien depuis ce temps
Ma raison se déploie !
    Et zon, zon, zon,
Pour me tenir en joie,
    Je chante en rond
La mère Godichon.

Par maint récit trompeur,
A la gent poitevine
Trop longtemps on fit peur
De la *mère Lusine.*
    Et zon, zon, zon,
Qu'à Niort, voisin, voisine
    Chantent en rond
La mère Godichon.

La *mère-sotte* et Dieu,
La fable et les mystères,
Étaient sans cesse en jeu
Dans les chants des Trouvères.
    Et zon, zon, zon.
Pour nous, en fait de *mères,*
    Chantons en rond
La mère Godichon.

Bien que cette chanson
Convienne un jour de noce,
Si, de l'ouïr, Suzon
Montre un désir précoce...
    Et zon, zon, zon,
Qu'on la mène en carrosse,

    Chanter en rond
La mère Godichon.

Si le bûcheron Jean,
Dont le corps déjà penche,
Après la cognée... (han !)
Ne jette pas le manche,
    Et zon, zon, zon,
C'est qu'il doit, le dimanche,
    Chanter en rond
La mère Godichon.

D'avoir perdu son chat
La *mère Michel* pleure
Après maint entrechat,
Qu'il rentre en sa demeure,
    Et zon, zon, zon,
Vous l'entendrez sur l'heure
    Chanter en rond
La mère Godichon.

Puisque au gré de Caron,
La plus triste des barques
Passe sur l'Achéron
Et sujets et monarques,
    Et zon, zon, zon,
Sachons tous faire aux Parques
    Chanter en rond
La mère Godichon.

Au surplus, chez Pluton,
Et Sénèque et Tibulle,
Et Lucrèce et Ninon,
Et Pascal et Catulle,

Et zon, zon, zon,
Réunis sans scrupule,
Chantent en rond
La mère Godichon.

        Le Chevalier DE PIIS.

IL FAUT RIRE.

CHANSONNETTE.

AIR : *Turlurette ! ma tanturlurette !*

Janvier recommence encore
Et nous retrouve d'accord ;
Gaîté, viens monter ma lyre ;
     Il faut rire...
     Il faut rire,   } *Chorus.*
Rire et toujours rire.

Fidèles à notre plan,
Depuis le premier de l'an
Jusqu'à l'heure où l'on expire,
     Il faut rire...
     Il faut rire,
Rire et toujours rire.

L'an qui fuit ne revient plus,
Mais nos regrets superflus
Ne pouvant le reproduire,
     Il faut rire...
     Il faut rire,
Rire et toujours rire.

L'hiver nous glace aujourd'hui.
Mais en songeant qu'après lui
Un nouveau printemps va luire,
    Il faut rire...
    Il faut rire,
Rire et toujours rire.

Si notre ouvrage mort-né
Tombe, à l'oubli condamné,
Du sifflet qui le déchire
    Il faut rire...
    Il faut rire,
Rire et toujours rire.

Tant que nous aurons des yeux
Pour voir minois gracieux,
Taille fine et doux sourire,
    . Il faut rire...
    Il faut rire,
Rire et toujours rire.

Tant que nous aurons des dents
Et des repas abondants,
De nos goûts dût-on médire,
    Il faut rire...
    Il faut rire,
Rire et toujours rire.

Tant que la foudre en éclats
Dans nos caves n'ira pas
Tourner le vin qu'on y tire,
    Il faut rire...
    Il faut rire,
Rire et toujours rire.

Tant qu'un censeur prônera
Le *Prince de la Néva*.
Et critiquera Zaïre,
    Il faut rire...
    Il faut rire,
  Rire et toujours rire.

Tant qu'un merveilleux blondin
Sifflera Georges Dandin
Avant de savoir écrire,
    Il faut rire...
    Il faut rire,
  Rire et toujours rire.

Tant que, voyant ses monts d'or,
La jeune Agnès à Mondor
Dira : Pour vous je soupire,
    Il faut rire...
    Il faut rire,
  Rire et toujours rire,

Tant qu'un sot et vieux barbon
Dira, croira tout de bon
Qu'à sa femme il peut suffire,
    Il faut rire...
    Il faut rire,
  Rire et toujours rire.

Tant qu'un médecin savant
Au nombre des ci-devant
Ne viendra pas nous inscrire,
    Il faut rire...
    Il faut rire.
  Rire et toujours rire.

Dût-il en un tour de main
Nous expédier demain,
En entrant au sombre empire
    Il faut rire...
    Il faut rire,
  Rire et toujours rire.

Sûrs d'y rencontrer Favart,
Vadé, Piron et Panard,
Le moyen de n'y pas dire :
    Il faut rire...
    Il faut rire,
  Rire et toujours rire.

Avec eux dansant en rond,
Aux échos de l'Achéron
Que nos chants fassent redire :
    Il faut rire...
    Il faut rire,
  Rire et toujours rire.

Que l'infernal souverain,
Brisant son sceptre d'airain,
Avec nous chante en délire :
    Il faut rire...
    Il faut rire,
  Rire et toujours rire.

Par cet exemple entraînés,
Que les diables aux damnés
Disent : C'est trop longtemps frire ;
    Il faut rire...
    Il faut rire,
  Rire et toujours rire.

Qu'enfin de l'enfer au ciel,
Un chorus universel
Crie à tout ce qui respire :
    Il faut rire...
    Il faut rire...
Rire et toujours rire.

DÉSAUGIERS.

TURLURETTE.

RONDE.

AIR : *Si j'avais autant d'écus,*

ou : *Turlurette ! ma tanturlurette !*

Je n'ai pas autant d'écus
Que Crésus ou Lucullus ;
Mais j'ai l'âme satisfaite...
    Turlurette ! turlurette !
Ma fortune est faite.

Le vieux et pesant Éloi
Sollicite un bon emploi ;
Sa femme est jeune et coquette...
    Turlurette ! turlurette !
Sa fortune est faite.

Ninot doit l'argent qu'il a ;
Mais un beau jour, le voilà
Qui fuit avec sa cassette...
    Turlurette ! turlurette !
Sa fortune est faite !

Damis fait un opéra,
Et les amis qu'il paîra
Rempliront chaque banquette ..
    Turlurette! turlurette!
Sa fortune est faite!

Roch, plus méchant que malin,
A mentir est fort enclin :
Que fait-il? une gazette!
    Turlurette ! turlurette !
Sa fortune est faite !

Lorsque Purgon suit vos pas,
Mourez... ou ne mourez pas,
Il faut payer sa recette...
    Turlurette ! turlurette !
Sa fortune est faite !

Furet cherche à se pousser;
Il sait... chanter et danser !
Il sait... faire la courbette...
    Turlurette ! turlurette !
Sa fortune est faite !

Chez Flore on dîne fort bien;
Jamais il ne n'en coûte rien...
Qu'un ou deux tours de roulette !
    Turlurette ! turlurette !
Sa fortune est faite !

Moïse a fort peu d'argent,
Mais, comme il est obligeant,
A vingt pour cent il le prête...
    Turlurette ! turlurette !
Sa fortune est faite !

Mathurin n'a pas un sou ;
Mais quand il a bu son sou,
Le dimanche à la guinguette...
   Turlurette ! turlurette !
Sa fortune est faite !

Là-bas le noir nautonnier
A chacun prend un denier,
Et tour à tour il nous guette...
   Turlurette ! turlurette !
Sa fortune est faite !

Mes amis ! si, de bon cœur,
Vous répétez tous en chœur
Ma petite chansonnette...
   Turlurette ! turlurette !
Sa fortune est faite !

L'IVRESSE.

AIR : *J'ons un curé patriote.*

Amis, je suis dans l'ivresse :
Bacchus dicte mes accents.
Jamais la froide sagesse
Ne vient engourdir mes sens.
Chez moi l'ennui, le chagrin
Sont chassés dès le matin.
   Dans le fonds
   Des flacons,
Tous mes maux vont s'engloutir ;   *Bis.*
Tout s'y noie, hormis le plaisir.

De tous les biens de la terre
En m'enivrant je me ris ;
Je verse à flots dans mon verre
La topaze et le rubis.
J'ai de l'or tout à mon gré
Quand mon raisin est doré ;
    Diamants,
    Bien brillants,
Perles, cristal, ambre fin,   } *Bis.*
Tout est dans un verre de vin.

A l'ivresse de la gloire
Je préfère le repos ;
Mais j'excelle à rire, à boire ;
Ce sont là tous mes travaux.
Si je fais une chanson
Bacchus est mon Apollon.
    Quand j'écris
    Étant gris,
Je suis un rimeur divin ;   } *Bis.*
Tout mon talent est dans mon vin.

Vous qui savez dans la ville
Ressusciter la gaîté,
Troubadours du Vaudeville,
Je bois à votre santé.
Voulez-vous que vos rivaux
Ne soient jamais vos égaux ?
    Pour trouver,
    Sans rêver,
Bon couplet et gai refrain,   } *Bis.*
Trempez vos plumes dans le vin.

SÉGUR, aîné.

RONDE DE TABLE.

AIR : *Pour étourdir le chagrin.*

Allons, mettons-nous en train,
    Qu'on rie,
Et que la folie
D'un aussi jolie festin
Vienne couronner la fin.

Si par quelques malins traits
Les convives se provoquent,
Ici ce ne sont jamais
Que les verres qui se choquent.
   Allons, etc.

Le vin donne du talent,
Et vaut, dit-on, une muse...
Or donc, en me l'infusant,
J'aurai la science infuse...
   Allons, etc.

Amis, c'est en préférant
La bouteille à la carafe
Qu'on voit le plus ignorant
Devenir bon géographe.
   Allons, etc.

Beaune, pays si vanté,
Chablis, Mâcon, Bordeaux, Grave,

Avec quelle volupté
Je vous parcours dans ma cave !
　　Allons, etc.

Champagne, ton nom flatteur
A bien plus d'attraits, je pense,
Sur la carte du traiteur
Que sur la carte de France.
　　Allons, etc.

A voir ainsi du pays,
On s'expose moins sans doute ;
Il vaut mieux, à mon avis,
Verser à table qu'en route.
　　Allons, etc.

Je sais qu'une fois entrain
On est étendu par terre
Tout aussi bien par le vin
Que par un vélocifère.
　　Allons, etc.

Mais voyage qui voudra ;
A moins que l'on ne me chasse,
D'un an, tel que me voilà,
Je ne bougerai de place.
　　Allons, etc.

Ce lieu vaut seul en effet
Toute la machine ronde,
Et le tour de ce banquet
Est pour moi le tour du monde.
　　Allons, etc.

Il faudra pourtant, amis,
Fuir de ce séjour aimable...
Et, quittant ce paradis,
Nous nous donnerons au diable.

    Allons, etc.

DÉSAUGIERS.

POINT TANT D'ESPRIT

ou

REMONTRANCES AUX GOURMANDS.

AIR : *Charmante Gabrielle.*

Frères, en gourmandise,
Je suis votre prieur ;
Il faut que je vous dise
Ce que j'ai sur le cœur :
Par trop d'esprit notre ordre
    Peut s'écouler ;
Contentons-nous de tordre   } Bis.
    Et d'avaler.

Pouvez-vous, quand on monte
Et poularde et poulet,
Suivre le fil d'un conte,
Ou le fil d'un couplet ?
Tout ce fil à retordre
    Me fait trembler ;
Contentons-nous de tordre
    Et d'avaler.

Gargantua, qu'on range
Parmi nos fondateurs,
Nous dit qu'il faut qu'on mange :
Mais, dit-il, d'être auteurs ?
Bornons-nous à son ordre,
    Et, sans souffler,
Contentons-nous de tordre
    Et d'avaler.

Que le dieu du silence,
Perché sur un plateau,
Offre ici pour sentence
Dans un vaste écriteau :
« Quand il s'agit de mordre,
    « Pourquoi parler ?
« Contentons-nous de tordre
    « Et d'avaler. »

Que sur votre fourchette
Planent toujours vos yeux ;
Restez dans votre assiette...
Où peut-on être mieux ?
Je n'en saurais démordre ;
    Pour nous régler,
Contentons-nous de tordre
    Et d'avaler.

Confessez, les mains jointes,
Que dans tous nos repas
Vous hasardez des pointes
Qu'on ne digère pas...
De peur de voir notre ordre
    Se ravaler,

Contentons-nous de tordre
Et d'avaler.

De Pis.

LA CHANSON A BOIRE.

Air : *Du curé de Pomponne.*

Buvons! disait Anacréon,
  Buvons! disait Horace;
Les Grecs, les Romains du bon ton
  Les suivaient à la trace,
Mes amis, tant que nous boirons
  Honorons leur mémoire;
  Fêtons dans ces lurons
    Les patrons
  De la chanson à boire.

Buvons! disait ce Basselin,
  Père du vaudeville :
Son refrain bachique et malin
  Bientôt courut la ville.
Laissant chanter au troubadour
  Et l'amour et la gloire,
  Le plaisir à son tour
    Mit au jour
  Mille chansons à boire.

Buvons! s'écriait à Nevers
  Ce meunier que j'aime :
En buvant il faisait ses vers;
  Il les chantaient de même.

A ses coffres bien ou mal faits
  Il ne doit pas sa gloire :
  Il doit chez les Français
      Ses succès
  A ses chansons à boire.

Buvons ! buvons ! disait Collé
  Et Gallet, son confrère,
Et Piron toujours accolé
  Aux vrais amis du verre.
A leurs bons mots chacun sourit :
  Or, la chose est notoire,
  Messieurs, ce qui nourrit
      Leur esprit,
  C'est la chanson à boire.

Buvons ! disait le bon Panard
  En sablant le Champagne
Entre le gracieux Favart
  Et sa vive compagne
Bon Panard, on doit au dessert
  Entonner pour ta gloire
  A chaque vin qu'on sert,
      Un concert
  De tes chansons à boire.

Morgué, buvons ! disait Vadé
  Aux gens de la Courtille,
Et plus d'un broc était vidé
  Par plus d'un joyeux drille.
De la fatigue et du chagrin
  Garde-t-on la mémoire
  Au bruit du tambourin,

Du crincrin,
Et des chansons à boire?

Dans un caveau qu'on m'a vanté
Les auteurs, nos modèles,
A la bouteille, à la gaîté
Furent toujours fidèles.
Pour nous réchauffer le cerveau,
Pour bannir l'humeur noire,
Invoquons de nouveau
Le caveau
Et les chansons à boire.

A. GOUFFÉ.

CHANSON BACHIQUE.

Folâtrons, rions sans cesse;
Que le vin et la tendresse
Remplissent tous nos moments!
De myrte parons nos têtes,
Et ne composons nos fêtes
Que de buveurs et d'amants.

Quand je bois, l'âme ravie,
Je ne porte point d'envie
Aux trésors du plus grand roi :
Souvent j'ai vu sous la treille
Que Thémire et ma bouteille
Étaient encore trop pour moi.

S'il faut qu'à la sombre rive
Tôt ou tard chacun arrive,
Vivons exempts de chagrin,
Et que la Parque inhumaine
Au tombeau ne nous entraîne
Qu'ivres d'amour et de vin.

LAUJON.

LES LOIS DE LA TABLE.

AIR : *Je suis une vigne nouvelle.*

Point de gêne dans un repas ;
Table fût-elle au mieux garnie,
Il faut, pour m'offrir des appas,
Que la contrainte en soit bannie.
Toutes les maisons ou j'en voi
   Sont des lieux que j'évite :
Amis, je veux être chez moi
   Partout où l'on m'invite.

Quand on est sur le point d'honneur
Quel désagrément on éprouve !
Point de haut bout ; c'est une erreur ;
Il faut s'asseoir comme on se trouve ;
Surtout qu'un espace assez grand
   En liberté nous laisse :
Même auprès d'un objet charmant
   Comus défend la presse.

Fuyons un convive pressant
Dont les soins importuns nous choquent,

Et qui nous tue en nous versant
Des rasades qui nous suffoquent :
Je veux que chacun sur ce fait
   Soit libre sans réserve ;
Qu'il soit son maître et son valet,
   Qu'à son goût il se serve.

Des mets joliment arrangés
Le compartiment méthodique,
Malgré les communs préjugés,
Me paraît sujet à critique :
A quoi cet optique est-il bon ?
   Dites-moi, je vous prie,
Sert-on pour les yeux, et doit-on
   Manger par symétrie ?

Quand on devrait me censurer,
Je tiens, amis, pour véritable,
Que la raison doit mesurer
Les plaisirs même de la table :
Je veux, quand le fruit est servi,
   Que chacun se réveille ;
Mais il faut quelque ordre, et voici
   Celui que je conseille :

Dans les chansons point d'aboyeurs,
Dans les transports point de tumulte,
Dans les récits point de longueurs,
Dans la critique point d'insulte ;
Vivacité sans jurement,
   Liberté sans licence,
Dispute sans emportement,
   Bons mots sans médisance.

PANARD.

VERSEZ TOUJOURS.

AIR : *Ça n' dur'ra pas toujours.*

Vénus, sois favorable
Aux galants troubadours :
Moi, pour chanter à table,
Au vin seul j'ai recours.
Versez, versez toujours.   (*Quatre fois.*)

Sans boire on ne peut rire ;
Les sens sont froids et lourds ;
Mais le bon vin inspire
Les plus piquants discours.
Versez, versez toujours.

Bien souvent on sommeille
Juché sur le velours ;
On est gai sous la treille,
Et c'est là que je cours.
Versez, versez toujours.

Le vin à la vieillesse
Procure de beaux jours ;
Le vin à la tendresse
Offre un puissant secours.
Versez, versez toujours.

Le vin tourne les têtes ;
Ce sont là de ses tours :
Cherchez-vous des conquêtes

Au pays des Amours,
Versez, versez toujours.

Sous un lin nos coquettes
Cachent d'heureux contours ;
Mais Bacchus en goguettes
Chiffonne leurs atours.
Versez, versez toujours.

Propageons dans la ville.
Portons dans les faubourgs
Ce refrain plus utile
Que tous calembours :
Versez, versez toujours.

S'il choque la sagesse,
Moi je dis au rebours :
« Il peint mieux l'allégresse
« Que fifres et tambours. »
Versez, versez toujours.

Du champagne, du grave,
Et point de sots détours;
Que l'on cherche à la cave,
Au grenier, dans les cours.
Versez, versez toujours.

Le temps fuit et nous presse;
Nos dîners sont trop courts :
De ma joyeuse ivresse,
Ah! prolongez le cours.
Versez, versez toujours.

A. Gouffé.

LE BAILLI ENTRE DEUX VINS.

AIR : *Du menuet d'Exaudet.*

De ce vin
Le venin
Est extrême ;
Je ne puis marcher : eh quoi !
J'irais de travers, moi !
Moi la doiture même !

Décampons,
Échappons
A la glose ;
Je sens faiblir mes genoux,
Eh ! vite asseyons-nous,
Pour cause.

Mais d'où vient ce trouble étrange ?
De place à mes yeux tout change.
Je suis pris,
Je suis gris
Dans les formes.
Quel bond
Fait chaque maison !
Je vois danser en rond
Les ormes.

Un savant
Bien souvent

S'inquiète,
Et demande à son pareil
Qui tourne du soleil
Ou de notre planète :

Sans sursis
J'éclaircis
Ce mystère ;
Car je prouve évidemment
Que c'est en ce moment
La terre.

Pis et Barré.

LE VIN ET LA VÉRITÉ.

Air : *De la pipe de tabac.*

In vino veritas, mes frères,
Nous dit un proverbe divin.
Dieu, pour nous faire aimer nos verres,
Mit la vérité dans le vin.
J'obéis à sa loi suprême ;
Comme buveur je suis cité :
On croit que c'est le vin que j'aime ;
Mes amis, *c'est la vérité.*

On croit que la philosophie
N'a jamais troublé mes loisirs,
Et qu'à bien jouir de la vie
J'ai toujours borné mes désirs :

On dit, quand je cours la treille,
C'est le plaisir, c'est la gaîté
Qu'il va chercher dans la bouteille.....
Mes amis, *c'est la vérité.*

On croit aussi que la tendresse
Fait quelquefois battre mon cœur ;
On croit qu'une jeune maîtresse
Est nécessaire à mon bonheur ;
Quand je trinque avec une belle
Chacun dit : c'est la volupté,
C'est l'amour qu'il cherche auprès d'elle...
Eh! messieurs, *c'est la vérité.*

A. GOUFFÉ.

L'INVOCATION A BACCHUS.

AIR: *Nous nous marierons dimanche.*

J'ai toujours, Bacchus,
Célébré ton jus ;
N'en perdons pas la coutume :
Seconde-moi ;
Que peut sans toi
Ma plume ?
Coule à longs traits
Dans son épais
Volume.
Viens, mon cher patron,
Sois mon Apollon ;
Viens, mon cher ami, que j't'hume.

Grâce à la liqueur
Qui lave mon cœur,
Nul souci ne me consume.
De ce vin gris
Que je chéris
L'écume !
Lorsque j'en bois,
Quel feu chez moi
S'allume !
Nectar enchanteur,
Tu fais mon bonheur ;
Viens, mon cher ami, que j' t'hume.

Champagne divin,
Du plus noir chagrin
Tu dissipes l'amertume :
Tu sais mûrir,
Tu sais guérir
Le rhume.
Quel goût flatteur !
Ta douce odeur
Parfume :
Pour tant de bienfaits
Et pour tant d'attraits,
Viens, mon cher ami, que j' t'hume.

Mars, un beau matin,
Croyant que Vulcain
Travaillait sur son enclume,
Chez la donna
Vint selon sa
Coutume :

Vulcain les voit;
El vite il boit,
Il fume.
Sur ce digne époux
Amis, réglez-vous;
Il faut humer comme il hume.

PANARD.

CHANSON MORALE.

Air du vaudeville de *la Soirée orageuse,*

ou bien: *Joyeux Gourmands, c'est avec vous.*

Rions, chantons, aimons, buvons;
En quatre points c'est ma morale;
Rions tant que nous le pouvons,
Afin d'avoir l'humeur égale:
L'esprit sombre que tout aigrit
Tourmente ce qui l'environne;
Et l'homme heureux qui toujours rit
Ne fait jamais pleurer personne.

Souvent les plus graves leçons
Endorment tout un auditoire;
Mettons la morale en chansons,
Pour la graver dans la mémoire.
A ses vœux un chanteur, dit-on,
Rendit l'enfer même docile:
Orphée a montré qu'un sermon
Ne vaut pas un bon vaudeville.

Quand Dieu noya le genre humain,
Il sauva Noé du naufrage,
Et dit, en lui donnant du vin :
« Voilà ce que doit boire un sage. »
Buvons-en donc jusqu'au tombeau ;
Car, d'après l'arrêt d'un tel juge,
Tous les méchants sont buveurs d'eau ;
C'est bien prouvé par le déluge.

Un cœur froid qui jamais n'aima
Du ciel déshonore l'ouvrage ;
Et pour aimer Dieu nous forma,
Puisqu'il fit l'homme à son image.
Il faut aimer ; c'est le vrai bien ;
Suivons, amis, ces lois divines :
Aimons toujours notre prochain,
En commençant par nos voisines.

SÉGUR, aîné.

LES ROIS.

AIR : *Sur son sopha, dans son boudoir.*

La plus aimable confrérie
C'est celle de l'Amphytrion ;
Ce sont tous rois sans tyrannie,
Tous sujets sans sédition.   } *Bis.*

Le sort tour à tour nous couronne,
Et nous donne une autorité
Que sans faiblesse on abandonne,
Comme on en jouit sans fierté.

Ainsi que le temps le vin coule ;
Du meilleur pour nous on fait choix ;
Et c'est là la divine ampoule
Qui sert au sacre de nos rois.

Tous nos jours sont des jours de fête,
La paix règne dans notre cour ;
Nous n'entreprenons des conquêtes
Que sous les drapeaux de l'Amour.

Jamais l'intérêt ne nous brouille ;
Bacchus sait nous accorder tous :
Quand le sceptre tombe en quenouille,
L'empire n'en est que plus doux.

Nous ne nous embarrassons guères
De tout ce que font les absents,
Et des affaires étrangères
On ne tient point bureau céans.

Ce que l'on dit dans notre empire
Ne doit point être répété ;
On commettrait, en l'osant dire,
Crime de lèse-majesté.

Aux vrais rois sans porter envie,
Amis, buvons, chantons, rions ;
Ils voudraient bien mener la vie
Que mènent nos Amphytrions.

Vous, régnez avec moi, ma belle ;
Partagez des honneurs trop courts :
Si ma couronne était réelle
Vous seriez reine pour toujours.

LATTAIGNANT.

CAVATINE.

Air : *Du Bouffe et du tailleur.*

Enfants de la folie,
    Chantons ;
Sur les maux de la vie
    Glissons :
Plaisir jamais ne coûte
    De pleurs ;
Il sème notre route
    De fleurs.

Oui, portons son délire,
    Partout ;
Le bonheur est de rire
    De tout.
Pour être aimé des belles,
    Aimons :
Un beau jour changent-elles,
    Changeons.

Déjà l'hiver de l'âge
    Accourt ;
Profitons d'un passage
    Si court :
L'avenir peut-il être
    Certain ?
Nous finirons peut-être
    Demain.

Désaugiers.

LA GOURMANDISE.

CHANSON.

AIR : *O toi qui n'eus jamais dû naître.*

Le diable enseigne de bonne heure
Le prix des *péchés capitaux;*
Et nous offre pour premier leurre
Du sucre et des petits gâteaux ;
    Aussi l'adage
    De mon jeune âge
Était celui-ci, voyez-vous ;
    « *La gourmandise,*
    « Quoi qu'on en dise,
« Est le meilleur péché de tous. »

Du bien, du rang, de la naissance,
L'orgueil souvent est si petit !
Au lieu qu'on peut sans insolence
Être fier d'un fier appétit :
    Manger et boire,
    Voilà la gloire
Dont nous devons être jaloux :
    La gourmandise,
    Quoi qu'on en dise,
Est le meilleur péché de tous.

L'avare auprès de sa cassette
Ne saurait jamais fermer l'œil ;

Mais le gourmand, dans son assiette,
A mille plats fait-il accueil,
 Plus il se gonfle,
 Et mieux il ronfle
Sur la table, ou sinon dessous...
 La gourmandise,
 Quoi qu'on en dise,
Est le meilleur péché de tous.

Péché d'amour, lorsque j'y pense,
A son charme et j'en suis certain;
Mais dans le cours de l'existence
Il nous laisse à moitié chemin :
 Si de la table
 Le plaisir stable
Même à cent ans est encore doux,
 La gourmandise,
 Quoi qu'on en dise,
Est le meilleur péché de tous.

Celui qui succède à l'*envie*
De jour en jour se voit maigrir.
Rond, gras et frais toute la vie,
Le gourmand se voit refleurir :
 Comme il déploie
 Sa grosse joie
Quand il peut assouvir ses goûts !
 La gourmandise,
 Quoi qu'on en dise,
Est le meilleur péché de tous.

Si *la paresse* est un bien-aise,
Au tombeau nous *paresserons*.

En attendant, ne vous déplaise,
Déjeunons, dînons et soupons.
    Manger c'est vivre...
    Il nous faut suivre
Cet exercice utile et doux :
    La gourmandise,
    Quoi qu'on en dise,
Est le meilleur péché de tous.

Puisqu'on voit *la colère* horrible
Mordre et verser des flots de sang,
Mordre un succulent comestible
Et faire couler du vin franc
    Me semble un rôle
    Beaucoup plus drôle
Que celui de l'homme en courroux...
    La gourmandise,
    Quoi qu'on en dise,
Est le meilleur péché de tous.

Gourmand premier, gourmand de pommes,
Bon père Adam, ce que tu fis
Nous force, tous tant que nous sommes,
A nous montrer tes dignes fils.
    Puisse ta race
    Toujours vorace
En refrain chanter comme nous
    La gourmandise,
    Quoi qu'on en dise,
Est le meilleur péché de tous.

DE PIIS.

IL ÉTAIT UNE BERGÈRE.

Il était un'bergère
Eh ! ron, ron, ron, petit patapon ;
  Il était une bergère,
  Qui gardait ses moutons,
     Ron, ron,
  Qui gardait ses moutons.

Elle fit un fromage
Eh ! ron, ron, ron, petit patapon
  Elle fit un fromage
  Du lait de ses moutons,
     Ron, ron,
  Du lait de ses moutons.

Le chat qui la regarde,
Eh ! ron, ron, ron, petit patapon ;
  Le chat qui la regarde,
  D'un petit air fripon,
     Ron, ron,
  D'un petit air fripon.

Si tu y mets la patte,
Eh ! ron, ron, ron, petit patapon !
  Si tu y mets la patte,
  Tu auras du bâton,
     Ron, ron,
  Tu auras du bâton.

Il n'y mit pas la patte,
Eh ! ron, ron, ron, petit patapon ;
Il n'y mit pas la patte,
Il y mit le menton.
Ron, ron,
Il y mit le menton.

La bergère en colère,
Eh ! ron, ron, ron, petit patapon !
La bergère en colère,
Tua son petit chaton,
Ron, ron,
Tua son petit chaton,

Elle fut à confesse.
Eh ! ron, ron, ron, petit patapon ;
Elle fut à confesse,
Pour demander pardon,
Ron, ron,
Pour demander pardon.

Mon père, je m'accuse,
Eh ! ron, ron, ron, petit patapon ;
Mon père, je m'accuse
D'avoir tué mon chaton,
Ron, ron,
D'avoir tué mon chaton.

Ma fill', pour pénitence,
Eh ! ron, ron, ron, petit patapon ;
Ma fill', pour pénitence,
Nous nous embrasserons,
Ron, ron,
Nous nous embrasserons.

La pénitence est douce,
Eh! ron, ron, ron, petit patapon;
La pénitence est douce;
Nous recommencerons,
Ron, ron,
Nous recommencerons,

ANONYME.

AH! VOUS DIRAI-JE, MAMAN.

Ah! vous dirai-je, maman,
Ce qui cause mon tourment?
Depuis que j'ai vu Silvandre
Me regarder d'un air tendre,
Mon cœur dit à tout moment :
Peut-on vivre sans amant!

L'autre jour dans un bosquet,
De fleurs il fit un bouquet,
Il en para ma houlette,
Me disant : « Belle brunette,
Flore est moins belle que toi,
L'amour moins tendre que moi.

« Étant faite pour charmer,
Il faut plaire, il faut aimer.
C'est au printemps de son âge
Qu'il est dit que l'on s'engage ;
Si vous tardez plus longtemps,
On regrette ces moments. »

Je rougis et, par malheur,
Un soupir trahit mon cœur ;
Silvandre, en amant habile,
Ne joua pas l'imbécile :
Je veux fuir, il ne veut pas :
Jugez de mon embarras.

Je fis semblant d'avoir peur
Je m'échappai par bonheur ;
J'eus recours à la retraite.
Mais quelle peine secrète
Se mêle dans mon espoir,
Si je ne puis le revoir ?

Bergères de ce hameau,
N'aimez que votre troupeau.
Un berger, prenez-y garde,
S'il vous aime, vous regarde,
Et s'exprime tendrement,
Peut vous causer du tourment.

ANONYME.

JAI DU BON TABAC DANS MA TABATIÈRE.

J'ai du bon tabac dans ma tabatière,
J'ai du bon tabac ; tu n'en auras pas.
   J'en ai du fin et du râpé,
   Ce n'est pas pour ton fichu nez.
J'ai du bon tabac dans ma tabatière,
J'ai du bon tabac ; tu n'en auras pas.

Ce refrain connu que chantait mon père,
A ce seul refrain il était borné.
   Moi, je me suis déterminé
   A le grossir comme mon nez.
J'ai du bon tabac dans ma tabatière,
J'ai du bon tabac ; tu n'en auras pas.

Un noble héritier de gentihommière,
Recueille tout seul un fief blasonné ;
   Il dit à son frère puîné :
   Sois abbé, je suis ton aîné,
J'ai du bon tabac dans ma tabatière,
J'ai du bon tabac ; tu n'en auras pas.

Un vieil usurier, expert en affaire,
Auquel par besoin on est amené,
   A l'emprunteur infortuné
   Dit, après l'avoir ruiné :
J'ai du bon tabac dans ma tabatière,
J'ai du bon tabac ; tu n'en auras pas.

Juges, avocats, entr'ouvrant leur serre,
Au pauvre plaideur par eux rançonné,
   Après avoir pateliné,
   Disent, le procès terminé :
J'ai du bon tabac dans ma tabatière,
J'ai du bon tabac ; tu n'en auras pas.

D'un gros financier, la coquette flaire
Le beau bijou d'or de diamants orné.
   Ce grigou, d'un air renfrogné,
   Lui dit : « Malgré ton joli nez..:
J'ai du bon tabac dans ma tabatière,
J'ai du bon tabac ; tu n'en auras pas. »

Tel qui veut nier l'esprit de Voltaire,
Est pour le sentir trop enchifrené.
  Cet esprit est trop raffiné,
  Et lui passe devant le nez.
Voltaire a l'esprit dans sa tabatière,
Et du bon tabac ; tu n'en auras pas.

Voilà huit couplets, cela ne fait guère,
Pour un tel sujet bien assaisonné ;
  Mais j'ai peur qu'un priseur mal né :
  Ne chante, en me riant au nez :
J'ai du bon tabac dans ma tabatière,
Jai du bon tabac ; tu n'en auras pas.

AU CLAIR DE LA LUNE.

Au clair de la lune,
Mon ami Pierrot,
Prête-moi ta plume
Pour écrire un mot.
Ma chandelle est morte,
Je n'ai plus de feu.
Ouvre-moi ta porte
Pour l'amour de Dieu.

Au clair de la lune,
Pierrot répondit :
Je n'ai pas de plume,
Je suis dans mon lit.
Va chez la voisine,
Je crois qu'elle y est,

Car dans sa cuisine
On bat le briquet.

Au clair de la lune,
L'aimable Lubin
Frappe chez la brune;
Elle répond soudain :
Qui frapp' de la sorte ?
Il dit à son tour :
Ouvrez votre porte
Pour le dieu d'amour.

Au clair de la lune,
On n'y voit qu'un peu.
On chercha la plume,
On chercha le feu.
En cherchant d'la sorte,
Je n'sais c'qu'on trouva,
Mais j'sais que la porte
Sur eux se ferma.

ANONYME.

LA MÈRE MICHEL.

C'est la mère Michel qui a perdu son chat.
Qui cri' par la fenêtr', qui est-c' qui lui rendra,
Et l'compère Lustucru qui lui a répondu :
« Allez, la mèr' Michel, vot' chat n'est pas perdu. »

C'est la mère Michel qui lui a demandé :
« Mon chat n'est pas perdu ! vous l'avez donc trouvé ?
Et l' compère Lustucru qui lui a répondu :
« Donnez un' récompense, il vous sera rendu. »

Et la mère Michel lui dit : « C'est décidé :
Si vous rendez mon chat, vous aurez un baiser. »
Le compère Lustucru, qui n'en a pas voulu,
Lui dit : « Pour un lapin votre chat est vendu. »

ANONYME.

VAUDEVILLE DE M. DUMOLLET.

LE DÉPART POUR SAINT-MALO.

Bon voyage,
Cher Dumollet,
A Saint-Malo débarquez sans naufrage.
Bon voyage,
Cher Dumollet,
Et revenez si le pays vous plaît.

Peut-être un jour une femme charmante
Vous rendra père aussi vite qu'époux ;
Tâchez cette fois qu'personne ne vous démente
Quand vous direz que l'enfant est à vous.
Bon voyage, etc.

Si vous venez revoir la capitale,
Méfiez-vous des voleurs, des amis,

Des billets doux, des coups, de la cabale,
Des pistolets et des torticolis.

> Bon voyage, etc.

DUMOLLET.

Allez au diable et vous et votre ville,
Où j'ai souffert mille et mille tourments.

AU PUBLIC.

Il vous serait cependant bien facile
De m'y fixer, messieurs, encor longtemps.
> Pour vous plaire,
> Je suis tout prêt
A rétablir ici mon domicile ;
> Faites connaître
> A Dumollet
S'il doit rester ou faire son paquet.

> DÉSAUGIERS.

LE VRAI BUVEUR.

Aussitôt que la lumière
A redoré nos coteaux,
Je commence ma carrière
Par visiter mes tonneaux.
Ravi de revoir l'aurore,
Le verre en main je lui dis :
Vois-tu sur la rive maure
Plus qu'à mon nez de rubis?

Le plus grand roi de la terre
Quand je suis dans un repas,
S'il me déclarait la guerre,
Ne m'épouvanterait pas.
A table rien ne m'étonne,
Et je pense, quand je bois,
Si là-haut Jupiter tonne,
Que c'est qu'il a peur de moi.

Si quelque jour, étant ivre,
La mort arrêtait mes pas,
Je ne voudrais pas revivre
Pour changer ce doux trépas.
Je m'en irais dans l'Averne
Faire enivrer Alecton,
Et bâtir une taverne
Dans le manoir de Pluton.

Par ce nectar délectable
Les démons étant vaincus,
Je ferais chanter au diable
Les louanges de Bacchus.
J'apaiserais de Tantale
La grande altération ;
Et, passant l'onde infernale,
Je ferais boire Ixion....

Au bout de ma quarantaine,
Cent ivrognes m'ont promis
De venir la tasse pleine.
Au gîte où l'on m'aura mis.

Pour me faire une hécatombe
Qui signale mon destin,
Ils arroseront ma tombe
De plus de cent brocs de vin.

De marbre ni de porphyre
Qu'on ne fasse mon tombeau.
Pour cercueil je ne désire
Que le contour d'un tonneau ;
Je veux qu'on peigne ma trogne
Avec ces vers à l'entour ;
Ci-gît le plus grand ivrogne
Qui jamais ait vu le jour.

Maître Adam.

LE ROSIER.

Je l'ai planté, j'ai vu naître,
Ce beau rosier où les oiseaux
Au matin, près de ma fenêtre,
Viennent chanter sous ses rameaux.

Joyeux oiseaux, troupe amoureuse,
Ah ! par pitié, ne chantez pas :
L'amant qui me rendait heureuse
Est parti pour d'autres climats.

Pour les trésors du nouveau monde
Il fuit l'amour, brave la mort.
Hélas ! pourquoi chercher sur l'onde
Le bonheur qu'il trouvait au port ?

Vous, passagères hirondelles
Qui revenez chaque printemps,
Oiseaux voyageurs, mais fidèles,
Ramenez-le-moi tous les ans.

DE LEYRE.

LES SOUHAITS.

Que ne suis-je la fougère
Où, sur le soir d'un beau jour,
Se repose ma bergère
Sous la garde de l'Amour!
Que ne suis-je le Zéphire
Qui rafraîchit ses appas,
L'air que sa bouche respire,
La fleur qui naît sous ses pas!

Que ne suis-je l'onde pure
Qui la reçoit dans son sein!
Que ne suis-je la parure
Qui la couvre après le bain!
Que ne suis-je cette glace
Où son portrait répété
Offre à nos yeux une grâce
Qui sourit à la beauté.

Que ne puis-je par un songe
Tenir son cœur enchanté!
Que ne puis-je du mensonge
Passer à la vérité!

Les dieux qui m'ont donné l'être
M'ont fait trop ambitieux,
Car enfin je voudrais être
Tout ce qui plaît à ses yeux.

RIBOUTÉ.

TONTON, TONTAINE, TONTON.

Mes amis partons pour la chasse :
Du cor j'entends le son.
     Tonton, tonton,
    Tontaine, tonton.
Jamais ce plaisir ne nous lasse,
Il est bon en toute saison.
     Tonton,
    Tontaine, tonton.

A sa manière chacun chasse,
Et le jeune homme et le barbon.
     Tonton, tonton,
    Tontaine, tonton.
Mais le vieux chasse la bécasse,
Et le jeune un gibier mignon.
     Tonton,
    Tontaine, tonton.

Pour suivre le chevreuil qui passe
Il parcourt les bois, le vallon.
     Tonton, tonton,
    Tontaine, tonton.

Et jamais, en suivant sa trace,
Il ne trouve le chemin long.
        Tonton,
        Tontaine, tonton.

A l'affût le chasseur se place;
Guettant le lièvre ou l'oisillon.
        Tonton, tonton.
        Tontaine, tonton.
Mais si jeune fillette passe,
Il la prend : pour lui tout est bon.
        Tonton,
        Tontaine, tonton.

Le vrai chasseur est plein d'audace;
Il est gai, joyeux et luron.
        Tonton, tonton,
        Tontaine, tonton.
Mais, quelque fanfare qu'il fasse,
Le chasseur n'est pas fanfaron.
        Tonton,
        Tontaine, tonton.

Quand un bois de cerf l'embarrasse,
Chez sa voisine sans façon,
        Tonton, tonton,
        Tontaine, tonton.
Bien discrètement il le place
Sur la tête d'un compagnon.
        Tonton,
        Tontaine, tonton.

Quand on a terminé la chasse
Le chasseur se rend au grand rond.

Tonton, tonton,
Tontaine, tonton.
Et chacun boit à pleine tasse
Au grand saint Hubert son patron.
Tonton,
Tontaine, tonton.

MARION DUMERSAN.

COLINETTE AU BOIS S'EN ALLA.

Colinette au bois s'en alla,
Et sautillant par-ci, par-là ;
Trala déridéra, trala déridéra.
Un beau monsieur la rencontra,
Frisé par-ci poudré par-là.
Trala déridéra, trala déridéra.
« Fillette, où courez-vous comm'ça ?
—Monsieur, j'm'en vais dans c'p'tit bois-là,
Cueillir la noisette. »
Trala déridéra, trala déridéra.
N'y a pas d'mal à ça,
Colinette,
N'y a pas d'mal à ça.

A ses côtés l'monsieur s'en va,
Sautant comme ell' par-ci, par-là,
Trala déridéra, trala déridéra.
« Où v'nez-vous donc, monsieur, comme ça ?
—J'vais avec vous dans c'p'tit bois-là,
Trala déridéra, trala déridéra.

Mais jusqu'à temps que nous soyons là,
Chantons gaîment par-ci, par-là
 La p'tit' chansonnette. »
Trala déridéra, trala déridéra,
 N'y a pas d'mal à ça.
 Colinette,
 N'y a pas d'mal à ça.

L'monsieur lui dit, quand ils fur'nt là ;
« Asseyons-nous sur c'gazon-là,
Trala déridéra, trala déridéra. »
 Sans résistance il l'embrassa,
 Et p'tit à p'tit, et cætera,
Trala déridéra, trala déridéra.
 La pauvre fille, en sortant d'là,
 Garda le silence et puis pleura !
 Personn' ne répète ;
Trala déridéra, trala déridéra,
 N'y a pas d'mal à ça,
 Colinette,
 N'y a pas d'mal à ça.
 COUSIN JACQUES.

LA MARMOTTE EN VIE.

 J'ai quitté la montagne
 Où jadis je naquis,
 Pour courir la campagne
 Et venir à Paris.
Ah ! voyez donc la marmotte,
 La marmotte en vie.

Donnez queuqu'chose à Javotte
    La marmotte en vie ;
Ah ! voulez-vous voir la marmotte,
    La marmotte en vie ;
Ah !;donnez queuqu'chose à Javotte
    Pour sa marmotte en vie.

De village en village
    Je m'en allai tout droit,
Portant petit bagage,
    Criant dans chaque endroit :
« Ah ! voyez donc la marmotte
    La marmotte en vie ;
Donnez queuqu'chose à Javotte
    Pour sa marmotte en vie ;
Ah ! voulez-vous voir la marmotte
    La marmotte en vie ;
Ah ! donnez queuqu'chose à Javotte,
    Pour sa marmotte en vie. »

Quand j'fus à la barrière,
    Un commis m'arrêta,
M'disant : « Jeune étrangère,
    Que portez-vous donc là ?
— Ah ! monsieur c'est la marmotte,
    La marmotte en vie ;
Donnez queuqu'chose à Javotte
    Pour sa marmotte en vie ;
Ah ! voulez-vous voir la marmotte
    La marmotte en vie ;
Ah ! donnez queuqu'chose à Javotte
    Pour sa marmotte en vie.

— Passez, la jeune fille,
  Avec ce petit bien;
  Quand on est si gentille,
  Au roi l'on ne doit rien.
Allez crier la marmotte,
    La marmotte en vie,
D'mandez queuqu'chose pour Javotte,
  Pour sa marmotte en vie. »
Ah! voulez-vous voir la marmotte,
    La marmotte en vie;
Ah! donnez queuqu'chose à Javotte,
  Pour sa marmotte en vie.

  Un beau monsieur me r'garde
  Puis s'arrête tout doux :
  « La belle Savoyarde,
  Montre-moi tes bijoux;
Ah! voyons donc c'te marmotte,
    C'te marmotte en vie.
J'donn'rai queuqu'chose à Javotte
  Pour sa marmotte en vie.
Ah! montre-moi ta marmotte,
    Ta marmotte en vie;
Oui, j'donn'rai queuqu'chose à Javotte,
  Pour sa marmotte en vie. »

  Moi, sans plus de mystère,
  Soudain j'le satisfis.
  Il ouvr' son aumônière,
  Puis, comptant ses louis :
« Ah! prête-moi ta marmotte,
    Ta marmotte en vie.

J'donn'rai tout c't or à Javotte
   Pour sa marmotte en vie.
Ah! prête-moi ta marmotte
   Ta marmotte en vie;
Oui, j'donn'rai c't or à Javotte
   Pour sa marmotte en vie. »

Que faire, pauvre fille,
   En voyant tant d'argent?
D'aise mon cœur pétille,
   J'accepte le présent...
« Prenez, prenez la marmotte
   La marmotte en vie.
Donnez, donnez à Javotte
   Pour sa marmotte en vie.
Ah! caressez la marmotte,
   La marmotte en vie;
Ah! donnez, donnez à Javotte
   Pour sa marmotte en vie. »

Mais ce bien que j' r'grette,
   Il me l'prit pour son or;
N'ai plus que la coffrette
   Où gardais ce trésor.
Ah! j'ai perdu la marmotte
   La marmotte en vie.
C'en est fait, pauvre Javotte
   D'ta marmotte en vie!
Ah! oui, j'ai perdu la marmotte,
   La marmotte en vie,
Ah! c'en est fait, pauvre Javotte,
   D'ta marmotte en vie!

DUCRAY-DUMINIL.

TABLE

DELARUE, LIBRAIRE-ÉDITEUR

A PARIS, 3, RUE DES GRANDS-AUGUSTINS

CATALOGUE

Manuel théorique et pratique du Jardinier, contenant les connaissances élémentaires de la culture ; l'organisation des plantes, leur fécondation et leur multiplication ; les époques des semis, la taille des arbres, la description et la culture des plantes potagères, aromatiques et économiques ; des arbres fruitiers, arbres, arbrisseaux et arbustes d'ornement, les plantes d'ornement, plantes d'orangerie, de serre chaude et tempérée ; suivi d'un Dictionnaire de termes du jardinage et de botanique, d'une Table analytique des matières, par PIROLLE. Nouvelle édition, revue et augmentée par MM. NOISETTE et BOITARD, chevaliers de la Légion d'honneur, membres de plusieurs Sociétés savantes. Illustré de 150 vignettes par THIÉBAULT. Un gros vol. in-12 de 672 pages...................................... 5 »

Manuel illustré du Jardinier-fleuriste, par Victor BRÉANT et BOITARD. Gros vol. in-18 grand raisin, nombreuses gravures coloriées représentant les fleurs les plus recherchées pour l'ornement des jardins............................ 5 »

Ce volume traite spécialement de la culture des fleurs et arbustes d'ornement.

Manuel complet de la Cuisinière, contenant : Un Guide pour les personnes en service, les soins du ménage, des appartements, de la vaisselle, du linge, etc., etc. ; le service de la table suivant le nombre des convives, la carte des mets et des vins pour chaque service, la manière de découper ; mille recettes gastronomiques, ou Résumé général des cuisines française, italienne et anglaise ; la pâtisserie, les confitures de différentes espèces, les liqueurs, sirops, glaces, limonades, eau de Seltz, etc., par Mlle CATHERINE. 34e édition. Un gros vol. in-12, avec un grand nombre de figures...................................... 3 »

Académie des Jeux, contenant la règle des jeux de calcul et de hasard, et généralement tous les jeux connus anciens et nouveaux, jeux de famille, des cercles, des eaux, etc., etc., mis en ordre par BONNEVEINE, préface par ROSTAING, illustrations par TÉLORY. Un gros vol. in-12, 388 pages, papier fin. Édition de luxe...................................... 3 50

Le Magicien des Salons, ou le Diable couleur de rose, recueil nouveau de tours d'escamotage, de physique amusante, de chimie récréative, tours de cartes, etc. Nouvelle édition, illustrée d'un grand nombre de figures sur bois, gravées avec le plus grand soin. Un beau vol. in-12, avec 200 figures........ 3 50

Manuel du Jeu de Billard, contenant la théorie du billard, ses règles, ses principes généraux, leurs applications diverses, etc., etc., par Désiré LEMAIRE, précédé d'une préface historique, par Jules ROSTAING, 42 planches............... 5 »

PETITE BIBLIOTHÈQUE OMNIBUS

ET PETITE BIBLIOTHÈQUE AMUSANTE

Chaque ouvrage forme 1 volume.

Recueil des plus jolies Chansons.	Bons Mots sur la Gastronomie.
Recueil de Proverbes.	Anecdotes sur les Femmes.
Recueil de Charades.	Variétés littéraires.
Recueil de Calembours.	Trésor des Singularités.
Recueil de Contes à rire.	Anecdotes comiques.
Académie des Jeux.	Histoires amusantes, scandaleuses
Recueil des Facéties.	Trésor des Gasconnades.
La Malice des Femmes.	Anecdotes sur le Tabac (Taba-
Trésor des bons Mots.	ciana).
Recueil de Caquets.	Enigmes et Charades.
Poésies joviales.	Trésor des Arlequinades.
Fables de Florian.	Manon Lescaut.
Trésor des Curiosités.	Le Bréviaire de Grégoire.
Eloge de l'Ivresse.	L'Ami de la Famille.
Facéties et Naïvetés épistolaires.	Le Chansonnier de l'Hymen.
Anecdotes de Jurisprudence.	Le Gastronome en goguette.

Chaque volume broché.. 1 »

Le Secrétaire général, contenant des modèles de pétitions
à adresser à Sa Majesté l'Empereur, aux ministres, au Corps
législatif, aux préfets, avec des instructions relatives à tous les
usages de la correspondance ; lettres de fêtes, de bonne année,
de condoléance, de recommandation, de félicitation, de remercî-
ments ; lettres d'affaires et de commerce, modèles de lettres de
change, billets à ordre, effets, promesses, obligations, quittances
de loyer, lettres de voiture, billets d'invitation ; lettres d'amour,
déclarations, demandes en mariage, instructions relatives aux
correspondances nuptiales ; lettres de faire part, de naissance, de
mariage et de décès. Suivi de lettres de Sévigné, Voltaire, Rous-
seau, etc., etc. Ouvrage rédigé et mis en ordre par PRUDHOMME.
46e édition, suivant le cérémonial de l'Empire français. Un beau
vol. in-12.. 3 »

**Formulaire général de tous les actes sous seings
privés,** que l'on peut faire soi-même, tels que : arbitrages,
alignements, contrat d'apprentissage, arrêté de compte, atermoiement, bail, bilan, billets, bornage, caution, certificat, cession
de biens, compromis, congé, contre-lettre, convention, décharge,
dépôt, désistement, devis, demande de dispenses, échanges, états
de lieux, expertise, gage, mandat, mitoyenneté (actes concernant
la), partage, pension alimentaire, plainte, quittance, société, testament, transaction, transport, tutelle, vente, avec une instruction spéciale à chacune des affaires auxquelles se rapportent les
actes formulés, par PRUDHOMME. Un beau vol. in-12..... 3 »